법흥골 겨울연가

지성 · 감성의 메타언어
조선문학시인선 · 269

법흥골 겨울연가

박 장 식 시집

조선문학사

■ 시인의 말

얼음같이 차가운 자신에 대한 엄격함으로

등단이 꿈이었는데 막상 등단 상패 수상식에는 불참하였다. 쑥스러움을 떨쳐버리지 못했기 때문이다. 더욱 등단 이후 시인이라 불려졌던 것이 부담스러워 아무래도 詩集 한권은 우선 내야겠다는 마음의 짐을 주체할 수 없었다. 그리하여, 첫 詩集을 내기로 작정한 후 한편 한편 모으는 재미는 마치, 신접살림을 한 점 한 점 늘려가던 내 아내 흉내를 내듯 그 재미가 사뭇 쏠쏠해서 행복감마저 느꼈다.

말하자면, 낑낑대며 첫 詩集을 채워보려는 일정 자체가 또 다른 살 맛 나는 인생이었다.

오랜 직장 생활 은퇴 이후 나만의 시간을 좀 더 보람있게 보내겠다는 작은 소망이 이만한 결실이라도 가질 줄은 몰랐지만 늦게 배운 도둑질 날 새는 줄 모른다는 말대로 이왕이면, 내친 김에 좀도둑 보다는 큰 도둑이 돼야 겠다는 마음 다져 본다.

매사에 '지각인생'의 지난날을 새삼 회고할 필요조차 없지만 돌을 줍고 난을 캐는 취미도, 늦게 배운 골프와 스키도, 그리고 독학으로 익힌 성악공부도 하나 같이 출발은 늦고, 도착은 끝난 것도 없이 살아왔던 삶의 연속이었다.

이제, 詩 공부만은 그러지는 말아야겠다.

우선 명심하고 다짐해야 할 것은 詩人이 되기 전에 인간이 되어야 겠다는 信念을 간직하고 他人에 관대해야 겠다는 생각이며 이러한 信念은 모든 시인들에게도 강하게 권유하고 싶다.

그리고 어찌 끝이 있으랴만은 시와 더불어 소금같이 짜고, 소태같이 쓰며, 얼음같이 차가운 자신에 대한 엄격함으로 살아야 겠다.

첫 詩集이 아닌 몇 번째 시집을 낼때 까지는 시인이라 불려 짐이 늘 쑥쓰러울 것 같으며 앞으로 시와 함께하는 성숙한 인간이 되고자 다짐하며 방학숙제를 담임선생님께 내미는 설레는 마음으로 첫 시집을 상재해 본다.

2009년 己丑年 初冬

박장식 씀

박장식 시집 **법흥골 겨울연가**

제1부 / 지각인생

제2부 / 옥과 장인

제3부 / 계절따라 삶따라

제4부 / 시집평설

제1부

지각인생

참 모습과 허울

군대 신병 훈련소
신발 지급 받을 때
발 크기 신발에
맞추라 한다

먹고 사는 일도
만나게 되는 사람도
나의 선택이 아닌
나를 맞추는 것

자신의 참 모습 가려진 채
살다가 생긴 허울이
참 모습이 되었네

심지

좋은 기름
정밀한 솜씨로
구슬 같은 밀초라도
심지 하나 불량이면
불빛이 어둡다

등잔도
램프도
발광(發光)하지 못한다

심지가 나쁘면
물질도 지위도
가진 것이 오히려
해악이다

기쁨

자랄 적
누나라고 부르던 친구
커서는
오빠라고 불리던 친구가
참 부러웠다

고모란 말도 몰랐던
촌수 아닌 촌수를
외사촌들이
가르쳐 주었다

동생 같은 아내로
집안에 꽃을 피웠다

꽃으로 꽃을 피워
딸 아들 얻었으니
천하를 얻었다

후회

부모보다 자식을 더
끔찍이 위하는
길들여진 요즘 예절
그렇다 치고

기르는 강아지
산이며 공원
강변이며 운동장에도
옷 입혀 끌고 다니는 풍속들

남의 자잘못
어찌 탓하랴

계실 적 잘하지 못하고
가실 적 붙잡지 못한 후회

늘어만 가는 흰 머리
주름살에 묻는다

열린 듯 닫힌 문

수없이 넘나들던 문
어느 날
슬그머니 닫히길래
또 열리겠지
기다려 보았지만
열린 듯 닫힌 문엔
몸을 던지는 바람 뿐

불어라 바람아
불어, 박힌 못이라도
뽑아라

아직도
나의 외출은
끝나지 않았으니

몸살·1

농부의 모내기는
모판 속 고운 흙에서
낯설고 거친 흙에다
자리잡게 하는 일

뜨거운 햇볕에
잎은 누렇고
줄기는 시들 시들

웃 자란 건 말라 죽고
못 자란 건 흙에 파묻혀

보살핌이 지나쳐도 여려지고
정성이 모자라면 죽고 만다

스스로 몸살을 이겨 낸 놈만
제 자리를 잡아 간다

몸살·2

뜬 모를 마친 일주일쯤
몸살을 이기고

노란 잎도 줄기도
녹색을 내뿜고 곧추선다

볏대엔 힘이 들고
뿌리도 굳게 박는다

모가 벼로 쑥쑥 커가니
숨겨진 농부의 몸살은
희망으로 달래진다

몸살·3

논 물 먹고 자란 벼
이삭 매달릴 즈음
농부는 논바닥을
바짝 말린다

어리둥절한 벼
수분 찾아
땅 속 깊이 뿌리 내리고

볏대는 태풍도 견딜
힘을 단련한다

이젠 스스로의 힘으로
더 실한 열매를 맺으려
변화 무쌍한
자연과 승부한다

벼는 비로소

농부의 마음을 알게 된다
그간의
몸살의 의미를

욕심

가까운
꽃밭 놔두고
도심으로 날아 다니는 나비

도랑이나
수풀 버리고
인가에 뛰어드는 개구리

거미나
닭의 먹거리 감

제 것 놔 두고
남의 몫 넘보는
인간 개구리도

공생·1

농부가 콩심을때
한 구덩이에
세 개를 심는다

한 개는 땅 속 벌레 몫
또 한 개는 하늘새 몫
마지막 하나는 자신의 몫

이 중 하늘새는
그 룰을 깬다

살아 있는 사람도
우습게 보는데

하물며 허수아비라니
공생 좋아하시네

공생·2

콩 농사에서 뿔난 농부
들깨 씨 파종하고
짚을 덮어 보호했다

며칠 후 짚을 걷어내니
빼곡이 벤 싹이
노랗고 연약하게
웃자라기만

날 짐승이 솎아줘야
튼실하게 자라는
자연의 섭리인데

하나도 안 뺏기려는
욕심 좇다
들깨 모종 농사
버려버렸네

허실(虛實)

솟을대문에
높은 담장 둘러친 집
도둑질의 빌미되고

담도 대문도 없이
활짝 열어 둔 집
감히 범접 못한다

저 혼자만 누리니
같이 누리자 하고

다 가져가라 하니
그냥 지나간다

안빈락도(安貧樂道)라 했던가
분수껏 사는 즐거움
담 치고는 모른다

공평(公平)

뿔 사나운 짐승
이빨이 약하고
이빨 성한 짐승
아예 뿔이 없다

날개 힘찬 새는
다리가 약하고
다리 실한 새
날개가 시원찮다

예쁜 꽃은
향기 열매 허실하고
열매 실한 꽃
빛깔 향기 약하다

자연의 이분법(二分法)이
이러하거니와
공명(功名)과 부귀영화

다 가지려다 다 놓치는 법

하나만은
꼭 쥐고
놓지 말자
건강을

재물(財物)

재물은
미꾸라지가 아니면
메기인가 싶다

안놓치려 꽉 잡으면
잡을수록 미끌미끌

도둑들까 담장 높이고
불이 날까 경보기 설치하고

그래도 불안해서 보험드는
재물이 상전인 세상살이에

도둑 걱정 불 걱정 없으면
가진 자보다
편한 삶이 아니던가

꽉 쥔 손 사이로

빠져나가는
미꾸라지와 메기

지각 인생

학교도 결혼도
자식도 승진도
언제나 남 나중
33년 머슴살이
은퇴도 지각했다

늦은 성악 공부
늦게 배운 스키
60에 배운 골프지만
홀인원도 해봤다
108 밀리 구멍 넣기
108 번뇌로다

늦게사 개울가 집 짓고
이제라도 시(詩) 한 줄
지어
칡넝쿨에 꿰매어
처마 밑에 주렁주렁

매달아 볼까 보다

또 무슨 일 저지를까
궁리하고 연구하여
지각 상장 받아볼까

친구야
이 여름날 한낮이 길어
오는 밤도 늦는구나
급할 게 뭐 있노
이왕 늦은 김에
더 놀다
천천히 자러가세

포교(布敎)

절에서는 건빵을 팔고
예수교는 껌을 판다

주법(酒法)

강원도 영월
백덕산과 사자산
그 사이에서 생긴
법흥천(法興川)은
주천강(酒泉江)의 시원이거니

술잔 마다
바람 구름 채우고
달빛까지 채워지면
잔은 넘쳐
위로 샌다

꾼 들이여
주법(酒法)을 알려면
주천강(酒泉江) 상류
법흥천(法興川)으로
오시구려

부재중(不在中)

보고 싶은 사람
만나러 갔더니 부재중

용무가 있어
찾아 간 사람도 부재중

민주주의 잘 계신가
여의도를 방문해도
역시 부재중

온통 세상이 부재중
신고할 곳도 부재중

우리네 인생

세상에 태어남이
행인지 불행인지

가족이 있음이
행인지 불행인지

자식이 있음이
행인지 불행인지

아들이 있음이
행인지 불행인지

내가 있음이
행인지 불행인지

걸음

초등학교 시절 운동회
달리기 할 때 마다
다리야 나 살려라
젖먹던 힘 다해도
꼴찌만 도맡았던
내 발걸음

이제, 주름살에 하얀 머리
빨라만 지는 내 발걸음
걸음아 나 살펴라
꼴찌가 내 몫이 아니던가

사랑니

아팠다 잠잠했다
잠잠했다 아팠다를 되풀이 하는
사랑니의 통증

그만 뽑아 버릴까
남겨 둘까
남겨 두자니 고통이요
뽑자니 아까운

흡사
우리네 사랑도 이런건가
그래서 이름이
사랑니던가

혀

벽과 벽 사이에
붉은 꽃 한송이가
비가 오나 안오나
젖어 있는데

입속에 바람들면
세치 혀는 마를지니

그릇

병법(兵法)에
속일 수 없는 지장(智將)
차마 못 속이는 덕장(德將)
감히 못 속이는 맹장(猛將)으로
장수들을 구분한다는데

지장의 지혜도
덕장의 덕도
맹장의 용맹도
지니지 못했으니

기댈 곳은
사주팔자
운장(運將)으로 살아감이
내 분수인 듯 싶다

양과 호랑이

– 양용은 선수 미국PGA 메이저 대회 우승에 부쳐

한국의 하얀 양이
미국의 붉은 호랑이를 삼켰다
바람의 아들 제주 촌놈이
골프의 슈퍼 엘리트 타이거 우즈에
기적 같은 역전승으로
메이저 PGA 챔피언에 올랐다

18번 홀 우승 확정 순간
캐디 백 번쩍 들고
월세 15만원에 다섯 식구
단칸방 살이 설움의 한
한방에 날려 버렸다

머리 숙인 골프 황제 앞에
아시아 남자 최초 메이저 대회 우승
한국의 남자 아시아의 남자들
고개를 들어 올렸다

페어웨이를 가르는 드라이버는
용기와 정밀함을 겸비하였고
깔끔한 퍼팅(Cool Putter)은 신의 솜씨

14번 홀에서의 마술지팡이 같은 칩샷(Magic wand chips)
18번 홀에서의 하이브리드 3번 클럽의 세컨 샷
호랑이는 양 앞에서 비틀거렸다

장래 희망이 대학진학인데
농사나 짓자는 부친
골프장에서 먹고 자며
독학으로 골프 검정고시생
국제적 떠돌이(International journey man)가
아시아인 첫 메이저 챔피언

춥고 배고픈 환경 극복한 인간 승리
어려운 우리 이웃에 희망과 용기를
기적같은 역전승이 더욱 값지니

골프 같은 우리 인생 아직 모른다
우리의 챔피언 앞날에
이어지는 승리와 더 큰 영광이
조국의 영광과 번영으로

북경 송아지

제 엄마가
국제전화로 부르면
어김 없이
엄매-

이제 돌아오면
다 자란 사자인데
송아지 행세만

다 자란 사자새끼
부모 품을 떠나는
동물의 풍속인데

다 자란 사자
송아지로 키우는
우리네 자식사랑

소(牛)의 눈물

6·25 동란 함께한
가족 같은 우리 암소

우리 집 부자 되라고
그 많은 논밭 갈이
줄줄이 새끼 낳아서
우리 형제 학비 밑천

내 등록금 마련 위해
늙은 몸 팔려 나갈 때
다시는 못 올 길 알고
두 눈에 고인 그 눈물

내 눈에 옮겨 남아서
평생토록 젖어 있네

중환자실 앞 복도

병원 중환자실 앞에
늘 그늘진 얼굴의 사람들
그 가족과 가까운 인연들

수심과 피곤이
복도에 가득하지만
세상에서 가장 간절한
기도를 아는 사람들

하느님께
부처님께
천주님께 바친다

세상에서
뭣이 소중한지를
비로소 아는
희망 찬 사람들

앙코르(ANGCORE)

세종문화회관 대극장에서
아리아도 칸소네도 불러봤다
앙코르! 앙코르!
객석에서 터져 나오는 함성

그 함성을 곧이 들으면
착각이다

세상 만사
박수 칠 때 내려와야

하기사
스스로 앙코르 하는
꼴불견 세상에
착각쯤은 애교일 수

자식 사랑

TV 화면 동물의 세계
이젠 혼자 살아가라고
새끼 사자를 내쫓는
어미 사자

아스라한 절벽위에서
새끼 새를 떨어뜨려
날게 하는 어미새

그렇구나
우리네 자식 사랑
짐승한테 배워야

제2부

옥과 장인

탈

인사동 학고제에
탈그림 전시
탈을 쓰고 한바탕
신나는 탈춤

세상엔 탈도 많고
말도 많은데
인사동 탈은
탈도 없고 말노 없이
흥겹기만 한 춤사위 탈

탈 쓰고
탈춤 추니
탈 없는가 하노라

등대

밤바다의 어둠은
칠흑이었어도
가슴에선 항시
파도가 출렁거렸다

등대 하나 세워
빛으로 기둥삼아
이정표 알리는
밤바다의 길잡이

여명 앞세운
솟는 태양빛으로
막힌 가슴을 열면

간 밤 내내 쏟은 열정
소등하고 아침을 맞는다

야생화와 잡초

시샘하는 잡초에
포위된 야생화
갇혀서 산다

아름다움이 죄가 되어
죄 값에 저당 잡혔네

아서라
얄미운 잡초 뽑으려다
야생화 다칠라

덤불 속 그 모습이
차라리 제 모습이지

산노루

거치른 광야를 달리며
목청껏 노래하다
넘어져 피가 나도
툭툭 털고 일어났다

가시밭길 먹이사냥이
진수성찬 될 때
높은 창공에 미소하며
깃발을 꽂았다

이제
지난날 깃발들이
타는 갈망 부추겨도
철조망에 길막힌
9월의 산노루

새소리

새가 지저귀면
사람들은
새 우는 소리라 한다

울었는지
웃었는지
잘 알지도 못하면서

새도
기뻐서도 울고
슬퍼서도 웃어 보이는데

새 소리도
분간 못하면
새만도 못하는데

청풍명월

청풍과 명월은
누구에게나 주어진 선물
그렇다고 아무나
즐기지는 못하는 것

자연의 질서 밖으로 내어던져진
하여
달을 잃고 바람을 잃고 사는
요즘 세상살이와는
인연을 끊은
청풍과 명월

산 둘러 병풍치고
들 끌어다 마당삼은
초간삼간살이 즐기니
절로
벗으로 찾아오는
청풍명월인 것을

한라산과 구름

한라산은 구름을 안고 살고
구름은 한라산에 얹혀산다

서로 품을 주고
등을 내고 사니
네것 내것이 따로 없음이다

구름의 내방으로
산은 먼 소식 듣고
잠시 산정에서 쉬면서
구름은 세월의 행보를
모르나니

산과 구름은
천분인 것을

고향집 감나무

천수관음상이다
아버지 구해 오시고
할아버지 심으셨다

6·25 동란 함께한 내 또래
허기질 때 내 배 채워준 홍시나무
지금은 우리 빈집을 지켜준다

이젠
아무도 돌보지 않는
거름 없는 노쇠한 가지는
거센 비바람에 풋감들을
바짓가랑이 밑으로 쏟는다

하나 둘 떨어지는 지친 가을 잎은
그의 피처럼 붉고
허공을 떠받치는 그의 빈손은
살아서 꿈틀댄다

마지막 남은 까치밥
마저 새들에게 주고
온전히 빈손으로
스스로 겨울을 부른다

아무것도 지니지 않아
그의 빈손은 가뿐해서
천수관음상의 손이다
그의 미소가 환하다

은하수와 법흥계곡

밤 하늘에 흐르는 은하수
운하수 따라 흐르는 법흥계곡

계곡에 내려온 은하수와
하늘에서 흐르는 계곡

달 밝은 밤이면
교접하는 하늘과 땅

은하수와 법흥계곡은
밤마다 몸을 섞는다

재목(材木)

풍광 수려한 자리
하늘 우러러 긴 손 뻗은
궁궐 대들보감 소나무 한 그루

잘 베고 잘 운반해
건조 잘 시켜
다듬고 깎아내는
목수의 그 손길이라야
본전이 될듯 말듯

굳이 베어져 대들보가 대수련가
행여 목수 눈에 띌라
제 자리에 깊이 뿌리박고
푸르른 삶 살찌우며
타고난 수명
마음껏 누리심이

거미줄

꽃보고 춤추며
하늘을 나는 나비

높은 가지에서
노래하는 매미를

도처의 거미줄이
노린다

곳곳에 쳐놓은
사악한 인간 거미줄도
빗자루로 걷어 내서

마음껏 날고
춤추고 노래하는
그런 세상이라야

옥(玉)과 장인(匠人)

돌덩이 속 숨은 옥
결 따라 다듬고

사포로 갈고 닦아
숨은 제 빛깔

눈부시게 광택 내는
장인의 그 솜씨라야

타고난 자질 빼어나도
장인 잘못 만나면
차라리 그대로가

월인천강(月印千江)

흐르는 달빛따라
옮기는 발길마다

따르는 저 달빛은
같은 달빛인가
다른 달빛인가

강물 위에 비친 달
허상이라도
허공에 붙박힌
진짜 달
아득히 먼데

천개의 강물따라
도장 찍으며
발길마다 동행하니

뉘라서

가까운 정
마다하리

산골 오두막에서 보내는 편지

강원도 산골 법흥천가에
오두막 한 채를
당신의 이름으로 지었습니다
개울물소리에 밤개구리소리
어우러진 음악소리 때문인지
어떤 때는 잠이 오지 않았지만
흐르는 여름 계곡물에서
벌건 대낮에
홀랑 벗고 멱감는 재미
쥑입니다

며칠 전엔 살얼음이 얼고
간밤에 내린 무서리는
온 뜨락을 하얗게 덮었고
빠알간 설중매(雪中梅) 꽃잎들도
마치 엷은 눈을 뒤집어
쓴 듯한 모습
보는 그 순간 가슴 가득

퍼져 번지는 찐한 감동
그러나, 아 하
이내, 아침 햇빛으로
조용히 녹혀 버리는 안타까움이여

이 천국 같은 곳에서
철마다 야생화를 가꾸며
한잔하면서 음악과 함께
살고 싶습니다
이 집은 나와 내 가족만 살려는
살림집이 아닙니다
당신과 나... 등, 좋은 사람들끼리
가끔씩 기분 내는 「낙원」 입니다

한번 다녀가십시오
대자연의 음악이 있는 이곳에

운현궁에서

개똥* 거름의 효험이던가
5월의 운현궁 신록은
세월이 흐를수록
싱그럽게 살이찐다

찌렁찌렁한 노하신 목소리에
떠는 댓닢은 엄동인데
가지들은 독이 오른듯
푸르름의 무게를 겨웁게 가꾼다

지금은 어느 어른이 있어
이 백성 이 세상을
바로 잡아 줄 것인가

귀 기울이면
일갈하는 그 어른의 목소리
찌렁찌렁 담을 넘는데

소음에 귀먹은 요샛 사람들
듣지도 못하고
들으려 하지도 않는다

* 개똥이 : 고종황제의 어릴적 별명.

옹달샘에 잠긴 달

앞산에 걸친 달을
우리 집 옹달샘에 담았는데

토끼 한 마리가
목 축이러 왔다가
샘에 빠진
제 고향에
화들짝 놀라
방울눈이 되었네

휴가철

농촌에서는
도시가 희망이라 하는데
휴가철 도시인들
농촌이 희망이라네

희망인 곳에 몰려와서
물도 공기도

더럽히고 소란을
되풀이 하니

휴가철은
농촌자연 몸살철

송년의 밤에 초대하는 글

- 2002. 12. 16. 세종문화회관 송년음악회 초대의 글

강원도 어느 산골에다
조그만 밭을 사서
천막 하나를 지었습니다

그 천막 지붕에 지금
함박눈이 수북히 쌓이면서
음악이 흘러 나와
온 산골에 울려 퍼집니다

오케스트라를 지휘하시는 분이
금년에도 그냥 넘어가긴 섭섭하다며
한사코 권하는 맛에
기분 좋은 술 한잔 받아마시는 기분으로
한 곡조 내질러 보기로 하였습니다

취미이길래 더욱 행복하고
'아마'이길래 늘 설레입니다
아직도 그 열정의 세월이

저물기를 거부합니다

깊어가는 송년의 밤에
객석에 오셔서 순간 순간을
함께 하셨으면 합니다

*이 시는 2002년 12월 16일 송년음악회(세종문화회관 대극장)에 출연하면서 보낸 초대장 글임.

제3부

계절따라 삶따라

난(蘭)

잎이 볼만하면
꽃이 시원찮고
꽃이 볼만하면
잎이 시원찮다

어찌 난 뿐이랴
인생도 그와 같아
심성이 쓸만하면
외양이 헤리고
외양이 반듯하면
심성이 허하다

쓸만하고 반듯한 것
헤리고 허한 것
그 어느 편엔가 서 있음이
인생이 아니던가

꽃

눈요기 보다는
가슴으로 불러보는
그런 꽃이었으면 싶다

빛깔이나 자태보다
향으로 번져 감기는
그런 꽃이었으면 싶다

봄에만 피는 꽃이 아닌
삼동(三冬)의 눈 속에서도 피는
그런 꽃이었으면 싶다

명명(命名)하지 않아도
피어 있는
이름 없이도 이름보다 고운
그런 꽃이었으면 싶다

꿀벌

꽃이면 가리지 않고
꿀을 모으는 꿀벌들

진하든 맹탕이든
나름의 향기 찾아
꽃잎마다 들른다

봄 여름 가을 꽃
골고루 취한나

이리 저리
제하고 가리면

입에 맞는 맛
누가 먹여주나

봄날은 간다

봄이 가기 전
얼른 입에 넣자
봄바람 타고 물오른 먹거리를
알을 낳으려
영양을 축적하는 계절

봄도다리, 도미, 조기도 제철
살짝 데친 쭈꾸미
꽃게도 알이 들어차고
재첩, 새조개도
국물이 시원하다

썩어도 준치맛 또한 이때다
아 살결은 곱고
육질은 쫄깃
씹을수록 단맛이 배어나오는
분홍빛 참도미

나 그대 잡았나 했더니
나를 잡은 그대로다
알뜰한 그 입맛에
봄날은 간다

꽃샘추위

잔설을 뚫고
샛노란 꽃잎을 내보이는
복수초를 시작으로

연이어 남녘의
매화 산수유 개나리의
터뜨리는 꽃망울 소리
축포처럼 터진다

헌데
봄이 오는 길목에
반드시 오는 불청객
꽃샘 추위 심술이
만만찮다

아무리 꽃샘추위 매서워도
이어지는 꽃들의 행진을
어찌 막으랴

들판의 초대

나의 산골 오두막집 들판은
세상이 마음에 안 들면
찾아와 조용히 생각하는 곳

그 들판은 내가 오면
계곡의 물소리를 높여주고
새들을 불러 노래 부르게 하며
때론 눈과 비도 초대해
춤판을 벌여준다

밤이면 별이 빛나는 밤하늘 아래
풀벌레를 초대해 반주소리로
흥을 돋운다

나의 친구 들판은
나를 붙들어 주며
나의 존재를 새롭게 한다
조용하고 고요한 몸짓으로

나무

내가 심은
우리 집 뜰의
나무 두 그루

늦게 심어
늦자라
어려 보이지만

실하게 바로 자라
재목감이
분명하다

나 죽어 묻힐
수목장 자리
이 보다 더 좋은 명당자리
어디 있겠나

석류

가슴에 감추고 살아온
해묵은 그리움도
터지면 저리
핏빛 가슴으로 열릴까

갓 늦게 터진
알알이 익은 그리움
사랑의 빛깔로
익을 수 있을까

익어서 못다한 정
이루지 못할 바엔
차라리
터지지나 말진대

이미 터져버린
빠알간 석류알
가을 햇살에 웃는다

모닥불

모닥불 피워놓고
마주 앉으면
내 얼굴도 네 얼굴도
붉게 물들고

황토방 군불 때면
얼굴도, 불알도
붉게 익는다

모닥불도 군불도
쬐지 않아도
얼굴 붉히는 사람
그래도 볼만하다

부끄러운 짓 하고도
얼굴 붉힐 줄 모르며
고개만 쳐드는
철면피 얼굴

비(雨)와 물

비가 내린다
하늘에서

내린 비는 물이 되고
물은 변한다

맑은 물 꾸중 물
반가운 물 싫은 물로

그래도 비는 내린다
어떤 물이 될지
저도 모르면서

비야
어떤 물이 될지
알고나 내렸으면

늙은 호박

꽃과 애기호박 시절
별로 대접 못받았지만
이젠 옳은 호박 되어
저마다 잡은 자리

돌 자갈 밑바닥 불편해도
주어진 자리 순응하며
늙어서 자기 고집 꺾고 지우며
유연한 모양 갖춰 익어가네

그늘진 뒤뜰 구석
외줄로 허공에 매달려
늙어서 편한 자리만 찾느니
팽팽한 삶의 긴장
잃지 않고 익어가네

썰렁한 장독대
빈 자리 차고 앉아

늙어서 외진 구석 아니 밀려나
방석 펼쳐 푸근하게 익어만 가네

9월

여름에도 한 다리
가을에도 한 다리

걸친 양 다리 사이에
9가 덜렁 매달려

채우지 못한 오선지에
그리운 음을 그려 넣을
미완성 계절이여

단풍

얼마만큼
그리운 가슴으로 뎁히면
저리 물들 수 있을까

얼마만큼 기다림 심지삼아 불밝히면
저리 꽃등보다 고울까

님 오시면 말하리라
그리움과 기다림 태워
물들어 버린 까닭을

갈대

가을 하늘에 닿으려고
봄 여름 내내
마디 마디 이어
키를 키웠네

하늘엔 닿지 못했어도
순백으로 피는 노화(蘆花)는
부끄러움 한 점 없음이며

누가 말했던가
여자의 마음 같은 갈대라고
아무려면 어떠리
세찬 비바람엔 흔들려도
꺾이지는 않느니

모질게 뿌리 박고
마디마디 하늘 바라기로 서서
저 새 알들이 세상에 나와

창공을 날을 때까지
순정을 다하는
갈대가 되리라

단풍과 첫 눈

가을과 겨울 사이
가을은 아직
갈 생각이 없는데

서둘러 온 첫눈이
단풍에 입맞추니

단풍은 쫓기듯
마지막 붉은 빛을
토한다

단풍에 취했던 사람들
첫 눈에 반하고 마는
세상 인심

겨울 천사

군불 땐 황토방
등짝을 지지다 잠든 사이
소식도 소리도 없이
찾아온 손님

차가움 보다 더한
뜨거운 가슴
체온으로 건넬 수 없는 사랑

땅에서는 끝내
이루어질 수도
가슴과 가슴으로
맺을 수도 없는

하늘 나라
순백의 천사

겨울 탐석(探石)

겨울 강가에
얼어붙은 돌덩이
햇볕에 녹기를
기다리기에는
부족한 한나절

궁리 끝에
바지 자크 내리고 냅다
아껴놓은 소방수 한방
짭짤한 간기에 주름 펴는
오석(烏石) 한 점

내 물 먹고
안 떨어지는 놈 있으면
나와 보라 그래
먹은 놈 혈색 좋아
장원감이 아니던가

겨울 장미

그 빛깔
그 향 다 마다하고
설화로 핀
겨울 백장미

피가 돌지 않아 차가운
차가워서 순백으로 핀
그렇다고
얼음 쪼아 펼친 꽃잎도 아닌
겨울 백장미

백장미 속으로 흐르는
피보다 진한 순수
체온보다 따뜻한 숨결
겨울 백장미 꽃잎에는
설화로는 피울 수 없는
혼이 들어있다

법흥(法興)골의 겨울 연가(戀歌)

지난해 내내 잘 먹고
목청껏 노래하던 그 살찐 개구리들
지금은
겨울잠에 곯아떨어진 이곳은
온통 백설이 만건곤(滿乾坤)할 뿐
이름 모를 짐승들의 발자국만이
동토의 산골 적막을 더해줍니다

오시거들랑, 행여
잠든 놈들 깨지 않게
사뿐히 다녀가소서

다시 피고 싶어, 땅속으로 저버린 야생화들
지금은 눈부신 어둠 속에서도
기어코 만나야 할 봄을 기도하는
그윽한 생명의 여운이
눈 덮인 뜨락에 가득합니다

5일장에서 사온 풍경이
팔각 정자에서 바람과 벗하며
제멋대로 박자지만, 청아한 곡조로
텅빈 고요의 계곡을 가득 채우고
강아지처럼 우리 빈집도 지켜줍니다

깊어 가는 겨울만큼이나
두껍게 얼은 마당의 연못
두꺼운만큼 따뜻한 지붕삼아
그 아래 물고기 몇 마리
넉넉한 봄을 기다립니다

통유리창에 부딪히며
흩날리는 눈송이 맞으며
달님과도 애기하고 싶은 오늘 같은 날
차라리, 고독이 가슴 저미는 이 밤이
더 행복합니다

겨울 나무

나무는
꽁꽁 얼어 붙은
목마른 엄동에도
마지막 남은
체온을 풀어
동아(冬芽)를 키운다

동아를 키워
봄이 오면 꽃 피울
가지의 눈금들을
살갗으로 감싼다

겨울은 준비의 계절
날아가버린
새 한 마리
돌아올 봄을
준비한다

제4부

시집평설

존재의 탐구와 자아의 발견

박 진 환
(문학평론가 · 문학박사)

Ⅰ. 前提

吾日三省吾身이란 말이 있다. 논어에 나오는 말로서 하루에도 몇번씩 자신을 돌아보며 반성한다는 뜻이다. 그런가하면 知와 明으로써 他와 我를 발견하고자 한, 남을 아는 것을 知, 스스로를 아는 것을 明이라고 한 노자의 말도 있다. 각기 표현은 달라도 다 같이 自我발견을 위한 성찰이랄까, 성찰을 통한 인간 자신의 발견을 이름이라 할 수 있다.

자신을 되돌아 봄으로써 자아를 발견하고자 하는 것이나 자신을 아는 것은 남을 아는 것보다 어렵다는 공자나 노자의 피력은 오늘을 살아가고 있는 현대인들에게 경각심을 일으켜주고 있다.

현대의 깃점을 力動主義로 풀이했던 기계문명에서 현대는 출발했고, 그 때문에 숨가쁘게 돌아가는 스피드에 등이 떠밀려 자아를 돌아볼 틈을 상실함으로써 현대인들은 자아를 망각하고 살아가기 일쑤였다. 그 때문에 물질문명에 편승하기 마련이었고 물질문명에의 편승은 정신문명의 퇴화를 자초했던 것이 현대의 物神主義다.

자아의 망각은 달리 자아의 상실을 필연화했고 자아의 상실은 정신적 고향 상실을 수반함으로써 방황·배회하는 실향민으로 불리우기도 했으며, 이런 소의로 해서 현대인들은 정신적 안정대 구축에 실패하기도 했다.

자아를 상실하고 사는 시대, 그리하여 정신보다는 물질을 신봉하여 물질의 허울을 뒤집어쓰고 사는 현대인이 우리를 자신이라고 하면 잘못된 표현일까. 어떻든 자잘못 보다는 누구도 오늘의 우리들 실상에 대한 이러한 진단을 부정할 수만은 없을 것으로 여겨진다.

일찍이 몽테뉴는 자신의 『수상록』에서 모든 사람들은 자신의 앞만 본다고 전제하고 나는 자신의 내부를 본다. 나는 오직 자기만이 상대인 것이다. 나는 항상 자신을 관찰하고, 검사하고, 그리고 음미한다고 피력하고 있는데 앞의 공자의 말이나 노자의 말과 그 표현은 달라도 자신을 되돌아보는 성찰과 맥락을 같이 한다고 할 수 있다.

문제는 자아를 성찰, 자아를 발견하고자 했다는 점보다 망각해버린 자아를 찾고자 한 성찰의 시간을 갖지 못한, 스피드의 벨트에 말려 자기 고찰이나, 검사나 음미 따위의 자아발견을 위한 여유를 상실하고 살아가는 것이 현대인의 비극이라는데 있다. 그리고 이 보다 더 비극적인 것은 이러한 비극 자체를 망각하고 살아가고 있다는 점이다.

박장식 시인은 자신의 시를 여기에서 출발시키고 있다고 보여진다. 그것은 이번에 상재한 시집『법홍골 겨울연가』에 관류하고 있는 시심의 근저가 성찰을 통한 자아발견 내지는 발견된 자아에서 시적 발상이 이루어지고 있기 때문이다.

인간 자신을 중시하는 휴머니즘이라고나 할까, 자신을 돌아봄으로써 자신을 발견하고 자신을 실현하고자 한 것은 분명 박장식 시인의 시가 자아상실의 시대를 극복하고자 한 인간정신의 구현을 위한 것이 아닌가 하는 생각을 갖게 한다.

70여 편의 시를 수록하고 있는 시집『법홍골 겨울연가』는 그 시역이 세부분으로 나뉘어 제시되고 있는데 이를 중심으로 시를 제시, 구체화 했을 때 박장식 시인의 시는 그 본태를 드러낼 것으로 본다.

II. 자아에 대한 허상과 실상

존재의 인식이 卽自나 對自에 의해 존재의 우연성을 극복, 필연성을 획득하듯이 자아에 대한 인식도 허상과 실상에 의해 그 정체가 발견되기 마련이다.

박장식 시인의 시는 이러한 자아발견을 위해 존재의 양면성부터 제시한다.

> 군대 신병 훈련소
> 신발 지급 받을 때
> 발 크기 신발에

맞추라 한다

먹고 사는 일도
만나게 되는 사람도
나의 선택이 아닌
나를 맞추는 것

자신의 참 모습 가려진 채
살다가 생긴 허울이
참 모습이 되었네

예시는 「참모습과 허울」이라는 시의 전문이다. 존재랄까, 자아가 실상과 허상의 양면성으로 제시되고 있다. 종연의 '자신의 참 모습 가려진 채 / 살다가 생긴 허울이 / 참모습이 되었네'에서 찾아볼 수 있는 것은 허울을 뒤집어 쓰고 살고 있는 허상의 모습들이 화자 자신만이 아닌, 이 시대를 살아가는 모든 인간 모습으로 제시되고 있다. 그러면서 '참 모습이 가려진 허울'이 제도적 제약이나 살기 위해 삶의 조건에 맞춰 살아야 하는 기계화되고 규격화된 인간 군상의 비극적 모습으로 제시되기도 한다. 그러면서 이러한 허상을 뒤집어쓰고 살아가는 허상이 화자 자신의 실상임을 말해주고 있기도 하다. 이러한 허울은 다시 「탈」로 제시되기도 한다.

인사동 학고제에
탈 그림 전시
탈을 쓰고 한바탕

신나는 탈춤

세상엔 탈도 많고
말도 많은데
인사동 탈은
탈도 없고 말도 없이
흥겹기만 한 춤사위 탈

탈 쓰고
탈 춤 추니
탈 없는가 하노라

예시는 「탈」의 전문이거니와 역설적이기는 하나 '탈춤을 추는' 그림을 통해 해학과 펀과 역설적 진술을 교차시키고 있는데 탈춤 자체가 허울을 뒤집어 썼다는 점에서, 그리고 실상을 은폐·위장시키고 있다는 점에서 역시 허상과 실상 양면성을 드러내 보여주고 있다. 그러면서 허울로서의 '탈'과 뜻밖에 일어난 변고나 사고의 뜻으로 쓰이는 '탈'의 음역을 빌어 동음이의의 펀을 성립시킴으로써 언어를 농할 줄 아는 시법까지를 구사해 주고 있음을 보여주고 있다.

그런가 하면 자연사물을 빌어 존재의 양면성이랄까, 존재의 대립성이랄까를 보여주기도 한다.

시샘하는 잡초에
포위된 야생화
갇혀서 산다

아름다움이 죄가 되어
죄 값에 저당 잡혔네

아서라
얄미운 잡초 뽑으려다
야생화 다칠라

덤불 속 그 모습이
차라리 제 모습이지

예시는「야생화와 잡초」의 전문이다. 자연사물을 빌어 인간의 삶에 대치시켜 존재의 양면성을 여실히 보여주고 있다. '잡초'와 '갇혀 사는 야생화'의 대립성이랄까, 상반성을 통해 '아름다움이 죄가 되어' 죄값에 저당 잡혔다는 진술은 그 후경에 인간의 삶이나 삶의 조건 등을 말해주는 것으로서 일종의 전경화다. 그러면서도 인위성 보다는 무위성을 중시하려는 친자연성을 보여주기도 한다. 그리고 이러한 자연성은 달리 인간의 순수성으로도 받아들여지는, 잡초라고 하는 집단의 폭력성과 야생화라고 하는 순수성의 상충을 통해 존재의 또 다른 양면성을 부각시킴으로써 존재의 실과 허를 구체화 하기도 한다.

이러한 존재인식은 달리 주어진 운명이랄까 숙명이랄까에 충실함으로써 자연의 법도를 좇는 안분지족의 삶을 지향하는 태도를 수반하기도 한다.

가) 풍광 수려한 자리
  하늘 우러러 긴 손 뻗은

궁궐 대들보감 소나무 한 그루

잘 베고 잘 운반해
건조 잘 시켜
다듬고 깎아내는
목수의 그 손길이라야
본전이 될 듯 말 듯

굳이 베어져 대들보가 대수련가
행여 목수 눈에 뜰라
제 자리에 깊이 뿌리박고
푸르른 삶 살찌우며
타고난 수명
마음껏 누리심이

나) 병법(兵法)에
속일 수 없는 지장(智將)
차마 못 속이는 덕장(德將)
감히 못 속이는 맹장(猛將)으로
장수들을 구분한다는데

지장의 지혜도
덕장의 덕도
맹장의 용맹도
지니지 못했으니

기댈 곳은
사주팔자
운장(運將)으로

살아감이
내 분수인 듯 싶다

예시 가)는 「재목」의 전문으로서 자연 사물을 빌어 존재의 자연성을 나)는 자신의 처지를 들어 주어진 운명성을 보여주고 있다. 앞의 시 종연 '굳이 베어져 대들보가 대수련가/ 행여 목수 눈에 뗄라/ 제자리에 깊이 뿌리 박고/ 푸르른 삶 살찌우며/ 타고난 숙명/ 마음껏 누리심이'는 인위를 거부하는 무위 자연성을 중시하는 태도로서 뒤의 시 '기댈 곳은/ 사주팔자/ 운장(運將)으로/ 살아감이/ 내 분수인 듯 싶다'라는 분수와 함께 타고난 본래의 모습인 숙명 또는 분수대로 살고자한 화자의 인위에 길들여지지 않은 순수 무위성을 읽게 해 주고 있다.

이상에서 볼 수 있듯이 자연에의 순응주의랄까 무위자연성에의 경도라할까 등은 다 같이 인위의 대응개념이라는 점에서 현대적 力動主義의 가속화에 밀려 자아를 망각하고 살아가는 현대인들에게 자아의 성찰을 통한 자아의 발견이라는 매우 귀한 몫을 차지한다고 할 수 있다.

또 하나의 시적 주제인 안빈락도랄까, 물신의 현장을 감시 물리치고 돌아앉은 조용한 삶의 모습을 보여주는 생의 제시는 비록 시역을 달리하고 있지만 서로 잇대이는 맥락성을 지니고 있다고 할 수 있다.

III. 자족의 삶, 혹은 삶의 자족

물신에 편승, 부를 누리고 사는 것도 현대인들이 추구하는 삶의 자족이라고 할 수 있다. 그런가 하면 이러한 물신사상에서 일탈, 자연을 벗하면서 조용한 삶속에서 자아를 실현해 가는 것도 자족된 삶이라고 할 수 있다. 박장식 시인은 후자적 입장에서 자족의 삶, 혹은 삶의 자족을 누리고 있는 것 같다.

가) 늦게사 개울가 집 짓고
이제라도 시(詩) 한 줄
지어
칡넝쿨에 꿰매어
처마 밑에 주렁주렁
매달아 볼까 보다

또 무슨일 저지를까
궁리하고 연구하여
지각 상장 받아볼까

친구야
이 여름날 한낮이 길어
오는 밤도 늦는구나
급할 게 뭐 있노
이왕 늦은 김에
더 놀다
천천히 자러가세

나) 청풍과 명월은
누구에게나 주어진 선물
그렇다고 아무나
즐기지는 못하는 것

자연의 질서 밖으로 내어던져진
하여
달을 잃고 바람을 잃고 사는
요즘 세상살이와는
인연을 끊은
청풍과 명월

산 둘러 병풍치고
들 끌어다 마당삼은
초가삼간살이 즐기니
절로
벗으로 찾아오는
청풍명월인 것을

예시 가)는 「지각인생」, 나)는 「청풍명월」로서 앞의 예시에서는 스피드한 기계문명에 길들여진 삶과는 달리 느릿느릿 여유롭게 사는 즐거움을 청유형으로 드러내고 있다. '친구야/ 이 여름날 한낮이 길어/ 오늘 밤도 늦는구나/ 급할게 뭐 있노/ 이왕 늦은 길에/ 더 놀다/ 천천히 자러가세'에서 볼 수 있는 서두르지 않는 여유로움과 여유로움을 즐기는 안빈락도의 삶을 통해 문명을 비켜 선 자연에의 순응주의랄까, 때묻지 않은 순수한 삶이랄까를 잘 보여주고 있다.

그런가 하면 뒤의 예시에서는 '산둘러 병풍치고/ 들 끌여다 마당삼은/ 초가삼간살이 즐기니/ 절로/ 벗으로 찾아오는/ 청풍명월인 것을'이라고 자연을 벗해 자연과 하나가 되어 자연과 함께 살아가는 삶의 여유와 즐기는 자족의 삶을 보여줌으로써 생의 여유랄까 자족이랄까를 잘 보여주고 있다.

그렇다고 스스로의 자족한 삶이나 삶의 자족인 안빈락도만을 즐기는 것은 아니다. 다음 예시 「공생·2」는 개인적 삶만이 아닌, 더불어 사는 공생의 삶을 보여줌으로써 박장식 시인의 시 정신의 깊이와 넓이를 읽게 해주고 있다.

> 콩 농사에서 뿔난 농부
> 들깨 씨 파종하고
> 짚을 덮어 보호했다
>
> 며칠 후 짚읖 걷어내니
> 빼곡이 밴 싹이
> 노랗고 연약하게
> 웃자라기만
>
> 날 짐승이 솎아줘야
> 튼실하게 자라는
> 자연의 섭리인데
>
> 하나도 안 뺏기려는
> 욕심 좇다
> 들깨 모종 농사
> 버려 버렸네

굳이 시족을 붙여 무엇하겠는가 마는 한가지 지적해 두고 싶은 것은 삶의 법칙을 '자연의 섭리'에서 찾고자 한다는 점이다. 자연의 섭리란 자연의 법도를 중시하고, 자연의 법칙을 거부하지 않는 무위 자연성을 의미한다. 그 때문에 인위적 삶인 문명적 삶과 대응되기 마련이다. 그렇다고 해서 박장식 시인의 삶이 자연에의 은둔이라거나 자연에의 경도 일변도라고는 할 수 없다. 그것은 자연의 섭리를 좇고, 순응하는 삶을 자연현상을 통해 인생의 삶에 오버랩시키는 그런 양태로 전경화, 제시해 주고 있기 때문이다. 이점에서 예시는 삶에 대한 간접화법의 동원이라 할 수 있고 이 점에서 메타포의 시적 역할을 수행했다고 할 수 있다.

Ⅳ. 結語

이상의 지적은 박장식 시인의 시집 『법홍골 겨울연가』를 일변한 소감이다.

그 결과 박장식 시인의 시는 현대의 기계문명에 의해 자아를 망각하고 사는 현대인에게 성찰과 성찰을 통한 자아발견, 그리고 발견한 자아의 여유로운 삶과 삶을 통한 자족감을 일깨워 줌으로써 물신에 굶주리고 사는 현대인들의 상실해 버린 정신 회복에 기여할 것으로 보고, 이것을 박장식 시인이 거둔 시적 성과로 제시할 수 있을 것으로 본다.

•

박장식 시인은 경남 마산 출신으로 마산 중·고등학교, 중앙대학교 법학과를 졸업하고, 서울대학교 행정대학원과 KAIST 경영대학원을 수료했다. 서울은행 지점장과 KOREAN Re.재보험(주) 상임감사를 역임하고 내무부장관상(직장새마을공로상)을 수상하였다. 세종문화회관 대극장 등의 무대에서 성악(테너)으로 다수 출연하였다. 『조선문학』에 시로 등단하였고, 현재 한국문인협회 회원이다.

•

조선문학시인선 269

법흥골 겨울연가

2009년 11월 25일 인쇄
2009년 12월 5일 발행

지은이 / 박장식
발행인 / 박진환
펴낸곳 / 조선문학사
등록번호 / 1-2733
주소 · 110-092 서울 서대문구 홍제2동 25-1
대표전화 / 730-2255
팩스 / 723-9373
ISBN 978-89-93614-25-1

정가 10,000원